AF740977

www.ingramcontent.com/pod-product-compliance
Lightning Source LLC
LaVergne TN
LVHW051114051026
849532LV00004BB/1542

* 9 7 8 9 3 5 8 7 2 5 6 6 7 *

تنکے میں آشیانہ

(غزل مجموعہ)

اوم پربھاکر

© Om Prabhakar

Tinke mein Aashyana *(Ghazal Collection)*

by: Om Prabhakar

Edition: May '2024

Publisher :

Taemeer Publications LLC (Michigan, USA / Hyderabad, India)

ISBN 978-93-5872-566-7

مصنف یا ناشر کی پیشگی اجازت کے بغیر اس کتاب کا کوئی بھی حصہ کسی بھی شکل میں بشمول ویب سائٹ پر اَپ لوڈنگ کے لیے استعمال نہ کیا جائے۔ نیز اس کتاب پر کسی بھی قسم کے تنازع کو نمٹانے کا اختیار صرف حیدرآباد (تلنگانہ) کی عدلیہ کو ہو گا۔

© اوم پربھاکر

کتاب	:	**تنکے میں آشیانہ** (غزل مجموعہ)
مصنف	:	**اوم پربھاکر**
صنف	:	شاعری
ناشر	:	تعمیر پبلی کیشنز (حیدرآباد، انڈیا)
سالِ اشاعت	:	۲۰۲۴ء
صفحات	:	۱۱۲
سرورق ڈیزائن	:	تعمیر ویب ڈیزائن

□

مکمل کتاب

جناب شکیل گوالیاری صاحب

اور

اوّلین جلد

جناب شمس الرحمٰن فاروقی صاحب

کے لیئے

احترام کے ساتھ

اوم پربھاکر

پنڈت اوم نارائن اوستھی کا قلمی نام ہے۔

ان کی تاریخ پیدائش 15/اگست 1941ء ہے۔ (تاریخ وفات: 23/فروری 2021ء)

یہ نام ہندی جگت میں کسی تعارف کا محتاج نہیں۔

اوم پربھاکر نے تنقید، افسانہ نگاری اور نظم و نثر کی مختلف اصناف کو جدید فکر و نظر کی بلندیوں پر پہنچایا، کئی تصانیف شائع ہو کر مقبولیت حاصل کر چکی ہیں۔ نیز دیگر زبانوں میں ترجمے بھی ہو چکے ہیں۔

آپ پروفیسر، صدر شعبہ ہندی پوسٹ گریجویٹ کالج و ریسرچ سنٹر بھنڈ اور ڈین آف فیکلٹی آف آرٹس جیواجی یونیورسٹی گوالیار کے ممتاز عہدوں سے سبکدوش ہوئے ہیں۔

آپ نے صحافتی سرگرمیوں میں بھی اپنا ایک خاص مقام بنایا ہے۔ ادبی کارناموں پر سرکاری اور غیر سرکاری اعزازات بھی حاصل کیے ہیں۔

اور اب پیش کرتے ہیں جدید فکر و فن اظہار و بیان پر مبنی غزل پر مشتمل مجموعہ کلام :

تنکے میں آشیانہ

□ پیش لفظ :

پروفیسر فضیل جعفری

□ ہوا سرگوشیاں کرتی ہے:

شمس الرحمٰن فاروقی

□ الفاظ کی نئی بندشیں:

شکیل گوالیاری

پیش لفظ

حالیہ برسوں کے متعدد ہندی شاعروں نے محض اِس خیال سے اردو سے کماحقہٗ واقفیت حاصل کر لی ہے کہ وہ براہِ راست اردو میں غزل کہہ سکیں۔ ایسے لوگوں میں ایک جانا پہنچانا اور نمایاں نام پروفیسر اوم پربھاکر کا ہے۔ پربھاکر جی شاعر بھی ہیں، نقاد بھی اور افسانہ نگار بھی۔ ان کی تخلیقات کے تراجم مختلف زبانوں کے علاوہ بریل میں بھی ہو چکے ہیں۔

اوم پربھاکر کی اردو، شعری تخلیقات ''شب خون'' اور دیگر معیاری رسائل میں شائع ہوکر قارئین سے داد وتحسین وصول کرتی رہی ہیں۔ ''تنکے میں آشیانہ'' اردو میں شائع ہونے والا ان کا پہلا شعری مجموعہ ہے۔ اس مجموعے کو اوّل تا آخر پڑھنے کے بعد راقم الحروف جس نتیجے پر پہنچا ہے وہ یہ ہے کہ اوم پربھاکر کی فکر و احساس کا دائرہ کافی وسیع ہے۔ بنیادی طور سے وہ زندگی کی توانائیوں اور ان کی پراسرار پرچھائیوں کے شاعر ہیں چونکہ وہ زندگی کو ٹکڑوں میں تقسیم کر کے دیکھنے کے بجائے ناقابلِ تقسیم اِکائی کے طور پر دیکھتے اور محسوس کرتے ہیں۔ اس لیئے ان کی شاعری میں جذبات، مشاہدات اور تجربات کی کثرت شعری وحدت میں تبدیل ہو جاتی ہے۔ اِس وحدت کے آئینہ میں بیک وقت ایسی کئی دنیائیں نظر آتی ہیں جو قاری میں یگانگت اور اجنبیت دونوں طرح کا احساس پیدا کرتی ہیں۔

اوم پربھاکر کے کلام میں ہمیں مسرّت آمیز تحیّر کی جلوہ سامانیاں وافر مقدار میں ملتی ہیں تو اس کا سبب یہ ہے کہ خود شاعر بسا اوقات زندگی کے مختلف پہلوؤں پر حیرت

اور استعجاب کے ساتھ نظر ڈالتا ہے اور جلد ہی اس نتیجے پر پہنچتا ہے کہ جو کچھ بھی نظر آتا ہے وہ سب شاعر کے اپنے وجود کا ہی حصہ ہے۔

سمندر یہ کہسار جنگل یہ صحرا
یہ انساں کے حق میں زمین کی دعا ہے

سفر سفر ہے سفر میں پڑاؤ کیا معنی
ترا وجود تری رہگذر کا حصّہ ہے

عجب فقیر ہوں میں بھی کہ میری ہی خاطر
یہ کائنات بہ صورت زکات رکھی ہے

اوم پربھاکر کی خوبی یہ ہے کہ وہ اپنے وجود میں گم ہو جانے اور اس سے سرشار ہونے کے بجائے اس پر تنقیدی نگاہ ڈالنے کا حوصلہ رکھتے ہیں۔ جس شاعر یا یوں کہیے جس فنکار میں خود احتسابی کی سکت ہوتی ہے وہ اپنی پوری تخلیقی طاقت کے ساتھ اس زوال پذیر معاشرے کا بھی محاسبہ کر سکتا ہے کہ جس میں ہم اور آپ زندہ ہیں۔ دنیا کو ایک عالمی گاؤں قرار دینے والی مغرب کی معاشی بنیادی طاقتیں جس طرح کے گاؤں کی تعمیر کر رہی ہیں وہ ہمارا اصلی ہندوستانی معاشرہ نہیں ہے۔ اس معاشرے میں ہماری وہ ہندوستانی تہذیب و ثقافت نہیں ہے جو ہمارا ہزاروں سال پرانا ورثہ ہے۔ اوم پربھاکر نے اس تلخ حقیقت کو بہت گہرائی میں جا کر محسوس کیا ہے۔

یہ میں ہوں یا تمہارا دور حاضر
سڑک پر کون وہ اوندھا پڑا ہے

مویشی ہیں نہ دانا ہے نہ پانی
کبھی تھے اس لیئے کھونٹا گڑا ہے

اوم پربھاکر کی غزلوں میں اس حقیقت کا بھی شدید احساس ملتا ہے کہ امریکہ برانڈ گلوبلائزیشن نے تہذیبی اقدار کو نہ صرف کرپٹ کیا ہے بلکہ انسان سے اس کی معصومیت اور سادگی کو بھی چھین لیا ہے۔ شعر دیکھیں ؎

کچھ مکاں تھے وہاں تمدن کے
ہو چکی ہے اُدھر کی بستی صاف

مرے اُٹھتے ہی گر جائے گا شاید
تمدّن کا شکستہ گھر پرانا

مغربی کیپٹل کے چلتے حالت یہ ہے کہ انسانی زندگی میں دولت ہی سب سے بڑی قدر بن گئی ہے۔ پیٹ (یعنی دولت کی ہوس) ایسا دوزخ بن گیا ہے کہ جس کے لیئے بڑے سے بڑا ایندھن بھی ناکافی ہے اور اسی لیئے آج کا انسان قوتِ فکر سے بھی محروم ہو چکا ہے اور قوتِ احساس سے بھی۔

اک جہنم ہے پیٹ میں میرے
کتنے شیطان سر اُٹھاتے ہیں

جو اکثر بات کرتا تھا وطن پر جان دینے کی
اُسے دیکھا تو پورا پیٹ ہی تھا سر ندارد تھا

لفظیات، لہجہ، ڈکشن اور ردِ عمل کے اعتبار سے اوم پربھاکر جدید شعری روایت کے شاعر ہیں۔ اُن کے بہت سے اشعار میں احساس کی جدّت بھی ہے اور طرزِ بیان کی پُر کشش ندرت بھی۔ انھوں نے بیشتر اوقات اپنے جذبات و احساسات کو محض شعری پرائے میں بیان کرنے کے بجائے ٹھوس امیجز کے توسط سے پیش کیا ہے۔ کچھ مثالیں ۔

ریزہ ریزہ بکھیر دے میرا
ذرّہ ذرّہ سمیٹ کر لے جا

دبا کر چونچ میں رنگین کرنیں
مری کھڑکی پہ رکھ جائیں پرندے

امید ہے کہ اردو، ہندی دونوں حلقوں میں "تنکے میں آشیانہ" کی خاطر خواہ پذیرائی ہوگی۔ میری یہ بھی خواہش ہے کہ اردو اکادمیاں اِس مجموعہ کو ہندی شاعر کا کلام سمجھ کر نظر انداز کرنے کے بجائے اِس کی طرف پوری توجہ دیں۔

فضیل جعفری

□

ہوا سرگوشیاں کرتی ہے

اوم پربھاکر کی خوبی یہ ہے کہ وہ غزل میں نئی بات کہتے ہیں۔ غزل میں اتنی بہت ساری باتیں کہی جا چکی ہیں اور وہ سب عموماً ایک خاص طرح کی ہوتی ہیں کہ نئی بات کہنا غزل کے شاعر کے لیئے بڑے جوکھم کا کام ہے۔ غزل کی شعریات یہ کہتی ہے کہ تم نئی بات نہیں کہہ سکتے، لیکن تمہیں نئی بات کہنی چاہیے۔ اس چکّر میں پڑ کر کوئی شاعر سیاست کا راگ الاپتا ہے، کوئی سماجی سدھار کا، کوئی فلسفہ بگھارتا ہے تو کوئی اپنی تعریف کرنے لگتا ہے۔ ان جھمیلوں میں پھنسا ہوا شاعر اچھی شاعری بھی نہیں لکھ سکتا، اچھی غزل لکھنا تو بعد کی بات ہے۔

اوم پربھاکر کی غزلیں جب پہلے پہل میرے پاس آئیں تو مجھے یہ دیکھ کر تعجب ہوا کہ نئی نئی اردو، سیکھنے والا شاعر نہ صرف یہ کہ بحر، قافیہ اور ردیف کے لحاظ سے صحیح شعر کہتا ہے، بلکہ یہ کہ زبان اور محاورے کے اعتبار سے بھی اس کی غزلیں کم و بیش درست ہیں۔ لیکن ظاہر ہے کہ یہ خوبیاں نہیں، بنیادی ضرورتیں ہیں، ان کا ہونا شعر کے صحیح ہونے کی ضمانت تو دے سکتا ہے، لیکن شعر کے اچھے ہونے کی نہیں۔ آپ کے پاس مکان بنانے کا ضروری سامان ہو تو بھی آپ یہ دعویٰ نہیں کر سکتے کہ آپ نے مکان بنالیا، اور اچھا مکان بنالیا۔ یعنی مکان بنانا اور شے ہے، اچھا مکان بنانا اور شے ہے اور مکان بنانے کا سامان مہیاّ رکھنا اور شے۔

لہٰذا پہلی بات جس نے مجھے متاثر کیا وہ یہ تھی کہ اوم پربھاکر کے پاس ضروری سامان تو تھا ہی وہ اس سامان کو بخوبی برتنے کا سلیقہ بھی رکھتے تھے۔ یعنی اسی معمولی اینٹ

گارے، چونے، لکڑی، لوہے سے جو کمرے، دالان اور گلیارے انھوں نے بنائے تھے ان میں کچھ نئی طرح کی روشنی جھلکتی ہوئی اور کچھ نئی طرح کی ہوا بہتی ہوئی محسوس ہوتی تھی۔

میں نے سوچا کچھ تو اس کی وجہ یہ ہے کہ اوم پربھاکر وسیع المطالعہ ادیب اور نقاد ہیں لیکن پھر مزید سوچا تو ایسا لگا کہ یہ خیال پوری طرح صحیح نہیں۔ اوم پربھاکر کی غزل میں نئی روشنی اور نئی ہوا محسوس ہونے کی بڑی وجہ شاید یہ ہے کہ وہ اصلاً ہندی کے پختہ اور کہنہ مشق شاعر ہیں اور اس لیے وہ اردو کی غزل میں ہندی کی لطافت اور تازگی داخل کرنے کی اہلیت رکھتے ہیں۔ لہٰذا اوم پربھاکر کی غزل میں جو بے تکلفی کا لہجہ اور ایک طرح کی صاف گوئی کا انداز ہے اسے تو وہ شاید ہندی سے لے کر آئے ہیں۔ لیکن اس کے علاوہ جو بھی ہے وہ ان کا اپنا ہے۔ اور ان کی پہلی صفت یہ ہے کہ وہ غزل کے لہجے میں شعر کہتے ہیں، لیکن مضمون وہ لاتے ہیں جو عام طور پر غزل میں نہیں برتا جاتا۔ یہ بہت بڑی بات ہے اور یہ ایسا امتحان ہے جس میں غزل گو شاعر ناکام رہتے ہیں۔ مثال کے طور پر اوم پربھاکر کی یہ غزل دیکھئے۔

ہماری خلوتوں کی دھن در و دیوار سنتے ہیں
چمن میں رنگ و بو کی بندشوں کو خار سنتے ہیں
ہوا سرگوشیاں کرتی ہے جو پیڑوں کے کانوں میں
اُسے اُڑتے ہوئے رنگین گل پردار سنتے ہیں
ہوائیں حادثوں کے جو اشارے لے کر آتی ہیں
انھیں ہم اَن سنا کردیں مگر اشجار سنتے ہیں
کبھی سنتے ہیں گھر میں صرف اپنی ہی دلچسپی
دھنکتے بام و در کی سسکیاں معمار سنتے ہیں
زباں جو دل میں رہتی ہے کبھی لب پر نہیں آتی
اُسے کوئی نہیں سنتا مگر فنکار سنتے ہیں

اس بات سے قطع نظر کہ آخری دو شعروں پر مشاعرے میں بہت داد مل سکتی ہے، لیکن یہی دو شعر ایسے ہیں جن میں غزل کی زبان اور غزل کی نزاکت پوری طرح جلوہ گر نہیں ہوئی اور اس بات سے بھی قطع نظر کہ چوتھے شعر کا مضمون نیا ہے لیکن شعر میں ٹھیک سے اُبھر نہیں پایا۔ اس غزل کے بقیہ تین شعروں میں وہ دونوں خوبیاں موجود ہیں جن کا میں نے اوپر ذکر کیا تھا۔ اوم پربھاکر نے غزل کی نزاکت اور نفاست کو قائم رکھتے ہوئے غزل کے لہجے میں اپنی بات کہی ہے اور ان کی بات میں ایک خوشگوار نیاپن ہے۔ اس کا اندازہ اس غزل کے مختصر تجزیہ سے بھی بخوبی ہو سکتا ہے۔

خلوتوں میں خاموشیاں ہیں اور خاموشیوں میں بھی ایک لَے ہے، یا وہ لَے ہی خاموشی ہے۔ اور چمن میں رنگ و بو نے موسیقی کی ''بندش'' (یعنی وہ چھوٹی سی نظم گیت جسے کلاسیکی موسیقی کار ''خیال'' میں گاتا ہے۔) چھیڑ رکھی ہے۔ خلوتوں کی لَے کو سننے والا کوئی نہیں، صرف در و دیوار ہیں۔ اور چمن میں رنگ و بو نے جو بندش چھیڑ رکھی ہیں اسے صرف خار سنتے ہیں۔ گھر میں صرف دیواریں سنتی ہیں جن کے کان تو ہوتے ہیں لیکن وہ بات سمجھتی نہیں ہیں اور گلشن میں کانٹے ہیں جن کے کان ہی نہیں جو کچھ سُن سکیں۔ اس شعر میں المناکی بھی ہے کہ اچھی چیزیں یا اچھی شاعری یا اچھی موسیقی قدردانی سے محروم ہے۔ شعر میں اس بات پر غور بھی ہے کہ اچھی چیزوں، شاعری یا موسیقی کو سمجھنا اور پسند کرنا ہر ایک کا کام نہیں۔ پھر اس شعر میں سماجی طور پر طنز بھی ہے کہ یہاں اچھی چیزیں جنھیں ملتی ہیں وہ اس کے اہل نہیں ہوتے۔

دوسرے شعر میں ''رنگین گل پردار'' کا لطف داد سے مستغنی ہے۔ مزید لطف یہ کہ ''پردار'' کے معنی ''پرندہ'' ہیں اور یہ لفظ بہت کم مستعمل ہے، اور مضمون میں بھی ایک طرح کا اسرار ہے کہ ہوا آخر چیڑ کے درختوں کے کانوں میں کیا کہتی رہتی ہے اور کیا چیڑ کے درخت بھی اُن باتوں کو سنتے ہیں؟ یا اگلے شعر کے لوگوں کی طرح وہ بھی ہوا کی سرگوشیوں کو اَن سنی کر دیتے ہیں؟ ''اُڑتے ہوئے'' سے مراد ''اڑنے والے'' نہیں بلکہ

''اُڑان کے دوران'' ہے۔ یعنی وہ اڑتے رہتے ہیں اور سنتے رہتے ہیں۔ اگر چیڑ کے درختوں کو انسانوں کا استعارہ قرار دیا جائے تو دوسرے اور تیسرے شعر میں نیا رابطہ پیدا ہو جاتا ہے۔ یہ بات بھی خوب ہے کہ ہوا تو عام طور پر پیغام بری یا خوش خبری لانے کا کام کرتی تھی لیکن اِس زمانے میں وہ حادثوں کے اشارے لے کر آتی ہے، جنھیں انسان نظر انداز کر دیں تو کر دیں، لیکن فطرت کی تنبیہوں کو مظاہرِ فطرت نظر انداز نہیں کرتے۔ شاید یہ ماحولیاتی انحطاط اور زوال پر مبنی حادثے ہوں جن کا اثر درختوں پر سب سے پہلے پڑتا ہے۔

اوم پربھاکر کی دوسری غزلوں کے کچھ اشعار بھی دیکھئے۔

معجزہ قسمت کا ہے یا ہے یہ ہاتھوں کا ہنر
آگرا میرا جگر ہی آج نشتر پر مرے

بوقتِ صبح لگتا تھا کہ کچھ کچھ دسترس میں ہے
جو آئی شام ہاتھوں سے میرے لے لی گئی دنیا

تیرے جاتے ہی ہوگیا ظاہر
یہ خزاں کس طرف سے آتی ہے

شام کی چھت پہ کتنی روشن تھی
تیری آنکھوں کی سرمئی آواز

کل رات یادِ جاناں یا چاندنی کے باعث
بیحد چمک رہا تھا سیماب تن ہوا کا

اوم پر بھاکر نے اپنی زندگی کا بہت بڑا حصہ ہندی ادب کی خدمت میں گذارا اور نام پیدا کیا ہے۔ اب جب اُن کی عمر پینسٹھ برس کی ہو رہی ہے اردو نے انہیں اپنی طرف کھینچا ہے۔ ان کا اردو کی طرف آنا ان کے شاعرانہ مزاج کی وسعت، زبان کی قوت، دلکشی، اور شیرینی کا ثبوت ہے۔ امید ہے کہ وہ بہت دنوں تک باغِ اردو کو گلزار کرتے رہیں گے۔

الٰہ آباد ۳۰/ مئی ۲۰۰۶ء شمس الرحمٰن فاروقی

□

الفاظ کی نئی بندشیں

اوم پربھاکر کی غزل پر بات کرنے سے پہلے ضروری ہوگا کہ اُن کی ادبی شخصیت کے چند پہلوؤں پر روشنی ڈالی جائے۔ اِس کے بغیر ایک ایسے شاعر کے تخلیقی رویہ کی پرتیں نہیں کھولی جاسکتیں جس نے تقریباً نصف صدی دشتِ ادب کی خاک چھانی ہو اور ہندی ادب کے پارکھیوں کی نظر میں بحیثیت شاعر ادیب اور ناقد اپنا قابلِ قدر مقام بنایا ہو اور پھر اچانک اسے خیال آیا ہو کہ دیکھیں تو سہی یہ جو غزل ہے، ایک زمانہ جس کا شیدائی و فدائی ہے وہ کس پردے کی بو بو کا نام ہے۔ اور پھر اس نے اپنے ناقہ کا رُخ خیمۂ غزل کی طرف موڑ دیا ہو۔ متعدد کتابوں اور مقالوں کی تصنیف و تالیف کے ساتھ نوگیت کو جس نے ہلکی پھلکی طنزیہ شاعری اور ظریفانہ فقرہ بازی سے نکال کر اتھاہ سمندر کی گہرائی دی ہو اور آفاق کی وسعتوں کو گیت کے درجن بھر مصرعوں میں سمو دیا ہو، وہ جب غزل کی طرف آتا ہے تو اس سے یہی توقع کی جاسکتی ہے کہ یا تو وہ غزل کی روایتی بندشوں کی توڑ پھوڑ مچادے گا یا پھر روایتی گھسے پٹے مضامین پر توکل کر کے غزل گویوں کی فہرست میں اپنا نام درج کرالے گا۔ رہی زبان، تو زبان کا معاملہ بھی اب اتنا پیچیدہ نہیں رہ گیا ہے۔ عام بول چال کی زبان جسے چاہے ہندی کہلو یا اردو کہلو، غزل کی دنیا میں آکر ان دونوں زبانوں کا سنگم بہرصورت ہو ہی جاتا ہے۔ جب دو بھاشائیں ایک ہوگئیں تو بہت سے صرف و نحو کے لسانی جھگڑے خود بخود بے معنی ہو جاتے ہیں۔ اوم پربھاکر کے سامنے یہ وہ سہل راستہ تھا جس کو بیشتر ہندی غزل کے علمبردار اختیار کیے ہوئے ہیں۔ اوم پربھاکر نے سب سے پہلے اِس سہل پسندی کو اپنے ارادے سے خارج

کیا۔ انھوں نے باقاعدہ اردو رسم الخط سیکھنے کا آغاز کیا اور کئی سال کے متواتر مشق و ریاضت کے بعد اردو نوشت وخواند کے مسئلہ کو حل بھی کرلیا۔ انھوں نے اردو شعر و ادب کا براہِ راست مطالعہ کیا۔ اردو رسائل کے ذریعہ عصری ادب کی سمت و رفتار کا جائزہ لیا اور ساتھ ہی مشقِ سخن بھی جاری رکھی۔ ابھی چند سال پہلے ہی بھنڈ گورنمنٹ ڈگری کالج کے شعبۂ ہندی کے صدر اور ڈین آف فیکلٹی آف آرٹس، جیواجی یونیورسٹی گوالیار کے عہدے سے سبکدوش ہوئے ہیں اور اب غزل گوئی موصوف کا کل وقتی مشغلہ ہے۔

عہدِ حاضر کی غزل کے فکری منظرنامے پر جب ہم نظر ڈالتے ہیں تو اِس نتیجہ پر پہنچنا کچھ زیادہ دشوار معلوم نہیں ہوتا کہ غزل کے شاعروں کی اکثریت زندگی کی سچائیوں پر مبنی تعمیری ادب جیسے مبہم اور یکطرفہ مفروضہ میں اُلجھ کر رہ گئی ہے۔ مبہم اِس لیئے کہ ادب خلاء میں تو پیدا ہوتا نہیں۔ جب تک انسان کے ہوش وحواس ٹھکانے پر ہیں اس کا کوئی بھی قول بے معنی ہو ہی نہیں سکتا اور معنی کی موجودگی کا پتہ زندگی کے صحیح ادراک کے بغیر ممکن نہیں۔ دراصل جو لوگ ادب میں زندگی کی سچائیوں کی بات کرتے ہیں وہ ادب کی سچائیوں کو اتنی دیر کے لیئے خارج از بحث کردیتے ہیں۔ جبکہ حقیقت یہ ہے کہ شعر و ادب کی اپنی سچائیوں کے بغیر کوئی بھی تجربہ فن پارہ کہلانے کا مستحق نہیں ہوسکتا۔ زندگی سے حاصل کیا ہوا تجربہ تخلیقی عمل سے گزر کر پہلے تخیلی تجربہ کی شکل اختیار کرتا ہے۔ جس کا اثر براہِ راست قاری کے جذبات واحساسات پر ہوتا ہے۔ اس تخیلی تجربہ کی زیریں سطح پر وہ سب کچھ ہوتا ہے جسے ہم فنکار کی حقیقت پسندی کے نام سے موسوم کرتے ہیں۔ آج کی بہتر غزل عہدِ حاضر کے مصنوعی اجالوں کی چکا چوند میں تہذیب و تمدن کے گم شدہ نشانات کے تلاش و تجسس پر مبنی ہے۔ حقیقت کے خواب آمیز مرکبات سے شاعر ایک ایسی طلسمی دنیا کی تخلیق کرتا ہے جہاں دم توڑتی انسانیت کو حیات افروز قوت و توانائی حاصل ہوتی ہے۔ یہی وہ اعلیٰ مقصد ہے جو صرف شعر و ادب ہی کے وسیلہ سے حاصل ہوسکتا ہے۔ ہم کیا تھے، ہم کیا ہیں اور ہمیں کیا ہونا چاہیے کا احساس بنی نوع انسان کی اوّلیں ضروریات

میں سے ایک ہے جو تمام تر ارتقائی جدو جہد کی بنیاد ہے۔ ادب انسانی زندگی کی اس ضرورت کو اپنے طور سے پورا کرتا ہے۔

اوم پربھاکر زندگی کی سچائیوں کو فن کی صداقت کے ساتھ قبول کرتے ہیں جس کی وجہ سے ان کی غزل حقیقت اور خواب کے درمیان اپنا راستہ بناتی ہے۔ نتیجتاً زمینی تجربہ مالعبد الطبیعاتی حقائق تک رسائی حاصل کر لیتا ہے۔ غیر مرئی چیزیں بڑے سلیقے سے مرئی پیکروں میں ڈھلتی چلی جاتی ہیں۔

سر پہ دست ہوا ہے صدیوں سے	غیب کا آسرا ہے صدیوں سے
ہے کم و بیش نیلگوں ہر شے	درد کا سلسلہ ہے صدیوں سے
جیسے پانی ہوا، ہوا پانی	مجھ میں تو جتلا ہے صدیوں سے
صرف دو پاؤں اور وسیع زمیں	زندگی آبلہ ہے صدیوں سے

اور ایک وسیع تناظر میں اُفق تا اُفق، تہہ بہ تہہ، نو بہ نو پیکر اُبھرتے آتے ہیں جو قاری کی چشم حیرت کو پلک جھپکنے کی مہلت نہیں دیتے کہ منظر بدل جاتا ہے۔

درو دیوار کے اندر درو دیوار زندہ ہیں
شکستہ خواب گاہوں میں حسیں بیمار زندہ ہیں
پرانے چوٹ کھائے پتھروں کے چاک سینوں میں
لیئے چھینی ہتھوڑا ہاتھ میں معمار زندہ ہیں
اسی میں رنگ ہیں باقی اسی دیوار کے نیچے
قلم سینے میں گھونپے سر پھرے فنکار زندہ ہیں

اوم پربھاکر کی غزل میں الفاظ اور بندشوں پر نام نہاد عقلیت اور دانشوری کی چھاپ نہیں ہے وہ اُن الفاظ و ترکیبات کا انتخاب کرتے ہیں جو وجدانی کیفیت کے ساتھ ان کے لاشعور کی سطح پر خود بخود اُبھرتے ہیں۔ ایک ایسا شاعر جس کی مادری اور درسی زبان اردو کے علاوہ ہو وہ شاعری کی زبان کو بہت زیادہ نستعلیق بنانے کی طرف

دھیان نہیں دے گا۔ زبان کی خارجی نوک پلک سے زیادہ اس کی توجہ الفاظ کو نفسِ مضمون سے ہم آہنگ کرنے پر مرکوز رہے گی۔ اِس عمل سے فائدہ یہ ہوگا کہ شعر میں خارجی چمک دمک اور رکھ رکھاؤ سے زیادہ کیفیت کشش اور تازہ کاری جیسے محاسن نمو پذیر ہوں گے جس سے شعری پیکر کو تقویت اور استحکام حاصل ہوگا۔ باغ بغیچے، ہوا، خوشبو، پرندے، آسمان، شجر، پھول، فصلِ گل، خزاں، بال و پر، جیسے الفاظ سے جو پیکر تراشے گئے ہیں وہ اِن الفاظ کے روایتی استعمال کی کایاپلٹ کر دیتے ہیں۔ اب یہ محض استعارہ نہیں رہ جاتے جس پر مضمون کی بنیاد قائم کی گئی ہو بلکہ مضمون کے اجزاء بن کرنئی زندگی حاصل کر لیتے ہیں۔ چند مثالیں ملاحظہ ہوں۔

کل بغیچہ ہی بن گیا نغمہ اک پرندے کے چہچہانے سے

یہ پرندوں کا قول ہے اب تو آسمانوں کے بال و پر آئیں
فصلِ گل نے کہا ہواؤں سے اب کے لینے ہمیں شجر آئیں

تری دیوار پر یہ سرخ چھینٹے ہے ان چھینٹوں میں بال و پر کا نقشہ

طوفاں کے بعد دیکھا گلشن کے ہر شجر نے بیدم پڑی تھی خوشبو اوڑھے کفن ہوا کا

باغبان کے جذبے ہی تو جسم پہن کر پتوں میں پھولوں میں اور شجر میں آئے

کبھی پھل پھول سے شاخوں پہ لٹکیں کبھی آنچل سے لہرائیں پرندے
بغیچے میں جو آئے شاہزادی ہوا میں کھل کے اُڑجائیں پرندے

اوم پر بھاکر کو اردو غزل کی روایت سے کتنی واقفیت ہے یہ جاننے کے لیئے دیکھنا یہ ہوگا کہ کس حد تک لاشعوری طور سے غزل کی روایت ان کے الفاظ اور بندشوں میں اپنا مناسب مقام تلاش کرلیتی ہے۔ روایت کا ایک سرا ماضی میں اور دوسرا حال میں ہوتا ہے۔ ادب میں روایت کا داخلہ تخیل کے وسیلے سے ممکن ہے تخیل کے پروں میں جتنی طاقت ہوگی وہ اتنی ہی دور تک اور دیر تک اُڑان بھر سکتا ہے۔ روایت سے دلچسپی کی کئی وجوہات ہوسکتی ہیں، ان میں سے ایک خاص وجہ یہ ہے کہ اس سے کلام میں عظمت و ارتفاع کے امکانات پیدا ہوتے ہیں۔ لیکن جیسا کہ اوپر عرض کیا جا چکا ہے روایت کی کایا پلٹ بھی کی جا سکتی ہے اور جدید شعراء نے اِس ہنر کو آزمایا بھی ہے اور کامیاب بھی ہوئے ہیں۔ خصوصاً غزل میں روایت سے استفادہ لازمی سمجھا گیا ہے۔ یہاں میں اوم پربھاکر کے ایسے اشعار نقل کرتا ہوں جو غزل کی روایت کے اعلیٰ شعور کے بغیر وجود میں نہیں آسکتے۔ روایت کا اعلیٰ شعور یہ ہے کہ شاعر کو ان پہلوؤں کا ادراک ہو جو نئے احساسات میں منقلب ہوسکیں۔ شعر دیکھیں۔

سمجھنا سوچنا سننا جہاں نہیں ممکن
کہاں سے عشق میں گفتار بیچ میں آئی
سفر سبھی کا معین ہے ایک ہی در تک
تو کس سبب سے یہ رفتار بیچ میں آئی

دیکھوں کتنا لہو ٹپکتا ہے اب کے خنجر کفِ وفا کو دوں

مجھ کو چھولیتا گر ترا پتھر صورتِ دِل دھڑک رہا ہوتا

کہیں نہ جا تو پرندے ذرا تسلی رکھ
پلٹ کے دیکھ قفس میں نجات رکھی ہے

نہ میں نے اور نہ کی امداد تم نے
یہ سورج چرخ پر کیسے چڑھا ہے

ایک باکمال مصور جانتا ہے کہ سادہ سی لکیروں میں زندگی کی رمق کس طرح پیدا کی جاسکتی ہے۔ یہ بھی کہا جاسکتا ہے کہ سنگتراش جب کوئی مجسمہ تراشتا ہے تو بے جان پتھر میں زندگی کی حرارت کو پہلے محسوس کر لیتا ہے۔ لیکن غور کیا جائے تو غزل کے شاعر کے سامنے کوئی آبجیکٹ نہیں ہوتا۔ شاعر کے محسوسات خود ہی آبجیکٹ خلق کرتے ہیں اور وہ اسے آرٹ کی زبان میں دوسروں تک پہنچا دیتا ہے۔ خدا، کائنات، انسان، اور انسانی معاملات سے شاعر کی دلچسپی اس کے تخلیقی عمل کا واحد سرچشمہ ہے۔ کچھ اور شعر ملاحظہ فرمائیں۔

وہ ہم سفر کہ جو رہتے ہیں آخری دم تک
بہت پرانی کسی داستاں سے آتے ہیں

☆

پڑی ہے جابجا ٹوٹے ہوئے شیشے کے ٹکڑوں سی
کسی انجان کھڑکی سے کبھی پھینکی گئی دنیا

ڈھونڈتا پھرتا ہوں اپنا گھر میں شہر خواب میں
رات بھر سوتا ہے کوئی اور بستر پر مرے

ظاہر سے تو یہ ٹکراتی رہتی ہے
باطن سے ہے لیکن ڈری ہوئی دنیا

اردو شاعری میں غزل ہی ایک ایسی صنف ہے جسے سینکڑوں سال سے سمجھا جا رہا ہے۔ جن کا دعویٰ ہے کہ انھوں نے غزل کو کماحقہٗ سمجھ لیا ہے وہ ایک مقام پر ٹھہر گئے ہیں۔ جنھوں نے غزل کو ہزیان گوئی سے تعبیر کرکے یکسر خارج ہی کر دیا ہے۔ وہ ساحل کے تماشائی ہیں انھیں اس کی طوفان خیزیوں کا اندازہ نہیں ہے۔ بعض لوگ غزل کہتے ہیں لیکن بعض لوگوں سے غزل خود ہی غزل کہلواتی ہے۔ ان کے سامنے سخن طرازی کا کوئی مقصد کوئی منصوبہ نہیں ہوتا۔ نہ انھیں سماج کو آئینہ دکھانا ہوتا ہے نہ عوام کو کوئی پیغام پہنچانا ہوتا ہے۔ وہ نہ اہلِ سیاست کا منہ کالا کرتے پھرتے نہ اہل مذاہب کا پردہ فاش کرنے جیسا کوئی لائحۂ عمل ان کے سامنے ہوتا۔ یہ سب کاروباری ہتھکنڈے ہیں۔ اس کے باوجود غزل کا کینوس اتنا وسیع ہے کہ دیکھنے والی آنکھ کو اس میں سب کچھ نظر آجاتا ہے۔ ہلکی سی روئی پہلی دھند میں لپٹتا ہوا۔ سب کچھ جو حقیقی دنیا کے لوگوں اور چیزوں سے کہیں زیادہ دلچسپ اور بامعنی ہے۔

اوم پربھاکر کا مجموعۂ غزل "تنکے میں آشیانہ" ایسے ہی رنگارنگ تصورات کا مجموعہ ہے جس میں حیات و کائنات کو الگ الگ زاویوں سے دیکھا گیا ہے۔ موضوعات کا تنوّع، فکر کی گہرائی اور بیان کی سلاست کے ساتھ شاعر نے عصری غزل کے دفترِ عمل میں اضافہ کیا ہے۔ اس پر مستزاد یہ کہ لہجے کی تازہ کاری، معصومیت اور برجستگی کی مثال تلاش کرنے کے لیے ممکن ہے ملک کی سرحد کو پار کرنا پڑے۔

شکیل گوالیاری

۸/ مارچ ۲۰۰۶ء

□

سلسلہ

گھر کی چھت سے جو اُڑ گیا اس کا
تنکے تنکے میں آشیانہ ہے

□

میں گہری نیند میں تھا جب کہ یہ بھیجی گئی دنیا
اب استعمال کرنی ہے مجھے دے دی گئی دنیا

بوقت صبح لگتا تھا کہ کچھ کچھ دسترس میں ہے
جو آئی شام ہاتھوں سے مرے لے لی گئی دنیا

پڑی ہے جابجا ٹوٹے ہوئے شیشے کے ٹکڑوں سی
کسی انجان کھڑکی سے کبھی پھینکی گئی دنیا

مرے در پر نئے دن کو مہکتے پھول کی صورت
سحر جو رکھ گئی تھی شام کو لیتی گئی دنیا

یہ اپنا دیش ہے آجائیں گے واپس یہیں پھر بھی
چلو ڈھونڈیں اُسے جو خواب میں دیکھی گئی دنیا

□

□

سر پہ دستِ ہوا ہے صدیوں سے
غیب کا آسرا ہے صدیوں سے

چشمِ انساں ہے آج تک پُرنم
یہ بھی اک مدّعا ہے صدیوں سے

ہے کم و بیش نیلگوں ہر شے
درد کا سلسلہ ہے صدیوں سے

جیسے پانی ہوا ، ہوا پانی
مجھ میں تو مبتلا ہے صدیوں سے

قبل آنے کے ، بعد رخصت کے
کچھ جلا ، کچھ بجھا ہے صدیوں سے

صرف دو پاؤں اور وسیع زمیں
زندگی آبلہ ہے صدیوں سے

□

□

کچھ نظارے ہیں کچھ نظر باقی
اور کچھ کوس کا سفر باقی

رہ گیا ہے کتاب میں دن کی
شام کا باب مختصر باقی

اِس خزاں میں بھی کچھ مہکتا ہے
دل ہے باقی ابھی جگر باقی

خاک ہی خاک ہوں مگر چھو مت
عشق کا ہے ابھی شرر باقی

وقتِ رخصت پلک سے برسی جو
ہے نگاہوں میں وہ نظر باقی

کسمساتے ہیں پاؤں کے چھالے
ہے ابھی کیا کوئی سفر باقی

□

□

میں بھی گھنٹوں بھوکا پیاسا رہتا
میرے ہاتھوں میں بھی کاسا رہتا

اور نہ رہتا کچھ بھی میرے بس میں
احساسِ حق صرف ذرا سا رہتا

میں نچوڑتا پھرتا پاگل بادل
جب صحرا کا پنچھی پیاسا رہتا

اپنے آگے پیچھے میں ہی چلتا
میرے چاروں سمت خلا سا رہتا

کوئی روٹی دیتا کوئی پتھر
پھر بھی دل میں کہیں دلاسا رہتا

آخر میں جب میری مٹھی کھلتی
اُس میں ایشور اچھا خاصہ رہتا

□

□

شجر ہے منتظر آئیں پرندے
گلوں کے رنگ و بو گائیں پرندے

دبا کر چونچ میں رنگین کرنیں
ہماری چھت پہ رکھ جائیں پرندے

نظر صیاد کی پڑنے سے پہلے
مرے دل میں اُتر جائیں پرندے

کبھی پھل پھول سے شاخوں پہ لٹکیں
کبھی آنچل سے لہرائیں پرندے

بغیچے میں جو آئے شاہزادی
ہوا میں گھل کے اُڑ جائیں پرندے

تصور کے میں جب دانے بکھیروں
حسیں لفظوں کے پھنس جائیں پرندے

بوقت شام جب سورج کھپے تو
پلٹ کر اپنے گھر جائیں پرندے

□

□

کب تلک بیٹھا رہے گا یہ جہاں در پر مرے
اور کتنے دن رہے گا آسماں سر پر مرے

معجزہ قسمت کا ہے یا ہے یہ ہاتھوں کا ہنر
آ گرا میرا جگر ہی آج نشتر پر مرے

چھٹپٹاتا ہے بیچارہ ریگ زاروں سے گھرا
کوئی تو دستِ کرم ہوتا سمندر پر مرے

جو جہاں پر ہے وہیں پر گھل رہا ہے دن بہ دن
چھا گئی ہے بے حسی کی گرد منظر پر مرے

گو کہ رکھتا ہوں میں دشمن سے حفاظت کے لیئے
نام تو میرا مگر لکھا ہے خنجر پر مرے

ڈھونڈتا پھرتا ہوں اپنا گھر میں شہرِ خواب میں
رات بھر سوتا ہے کوئی اور بستر پر مرے

□

□

کسی زمیں سے کسی آسماں سے آتے ہیں
غزل کے شعر تو دونوں جہاں سے آتے ہیں

وہ چند لفظ دھڑکتے ہیں جو دلوں کی طرح
مری زبان میں تیری زباں سے آتے ہیں

چلے جو در سے ترے کھو گئیں سبھی سمتیں
بتائیں کیسے کہ اب ہم کہاں سے آتے ہیں

جہاں پہنچ کے نہ لوٹے کبھی فرشتے بھی
وہ خلد ہو کہ نہ ہو ہم وہاں سے آتے ہیں

وہ ہمسفر کہ جو رہتے ہیں آخری دم تک
بہت پرانی کسی داستاں سے آتے ہیں

□

□

در و دیوار کے اندر در و دیوار زندہ ہیں
شکستہ خواب گاہوں میں حسیں بیمار زندہ ہیں

کہیں ہیں رقص زو پریاں کہیں لشکر محاذوں پر
پسِ پردہ کہیں چھپ کر کھڑے عیاّر زندہ ہیں

پرانے چوٹ کھائے پتھروں کے چاک سینوں میں
لیئے چھینی ہتھوڑا ہاتھ میں معمار زندہ ہیں

کبھی غاروں سے آتی ہیں صدائیں درد آلودہ
تو یہ محسوس ہوتا ہے کہیں دوچار زندہ ہیں

ہیں ٹیلے دیمکوں کے ، تھا جہاں پہلے کتب خانہ
وہاں کیڑے ، مکوڑے ، گھاس ، پتھر خار زندہ ہیں

ہیں اِن گڈھوں میں شاید تختِ شاہی مسندِ قاضی
اُدھر وہ ٹھوکریں کھاتی ہوئی دستار زندہ ہیں

اسی میں رنگ ہیں باقی اسی دیوار کے نیچے
قلم سینے میں گھونپے سر پھرے فنکار زندہ ہیں

□

□

جس طرف چاہے تو اُدھر لے جا
میرا اسباب میرا گھر لے جا

میرے اطراف قتل و غارت کر
کھینچ کر دل سے میرے ڈر لے جا

دونوں آنکھیں اُکھاڑ لے میری
میرے منظر مری نظر لے جا

توڑ دے دست و پا کہ اُٹھ نہ سکوں
پھر مزے سے تو مرا سر لے جا

ریزہ ریزہ بکھیر دے میرا
ذرّہ ذرّہ سمیٹ کر لے جا

اپنے حرص و ہوس کے جبڑوں میں
خاک انسانیت کو بھر لے جا

□

□

چند الفاظ کچھ احوال بچا رکھے ہیں
ہم نے دو ایک ہی اعمال بچا رکھے ہیں

پہلے گاتے تھے بجاتے تھے ہواؤں کے مزاج
اب تو ٹوٹے ہوئے سُرتال بچا رکھے ہیں

اُڑ گئے حسن و جوانی کے پرندے کب کے
ہاں تصور میں خد و خال بچا رکھے ہیں

بیٹھا کرتا تھا کبھی آکے جو طائر اُس کے
اک دریچے نے پر و بال بچا رکھے ہیں

ایک نادیدہ صنم بھی ہے کہیں تیرے سوا
اُس کی خاطر یہ مہ و سال بچا رکھے ہیں

□

□

خوشبو کا بھی وہی ہے جو ہے چلن ہوا کا
اُس کا بدن ہوا کا ، ہے پیرہن ہوا کا

کل رات یادِ جاناں یا چاندنی کے باعث
بیحد چمک رہا تھا سیماب تن ہوا کا

صدیوں گیا وہ اُس کے پیچھے حدِ جہاں تک
لیکن نہ ڈھونڈ پایا ملک و وطن ہوا کا

اپنے بدن سے ہٹ کر محسوس کرسکو تو
تم کو دکھائی دے گا عریاں بدن ہوا کا

میرے قریب آئی خوشبو ہوا پہن کر
پلٹی تو بن گئی تھی خود پیرہن ہوا کا

طوفاں کے بعد دیکھا گلشن کے ہر شجر نے
بے دم پڑی تھی خوشبو اوڑھے کفن ہوا کا

□

□

لفظ اوراق سے اُتر آئیں
عکس آئینے توڑ کر آئیں

یہ پرندوں کا قول ہے، اب تو
آسمانوں کے بال و پر آئیں

تیرے جیسا ہوا میں ہے کوئی
اُس کو دیکھوں تو سب نظر آئیں

جن کو اُس کی ہے جستجو وہ سب
لے کے ہاتھوں میں اپنا سر آئیں

فصلِ گل نے کہا ہواؤں سے
اب کے لینے ہمیں شجر آئیں

لمس ہلکا سا اُن نگاہوں کا
سارے زخمِ نہاں اُبھر آئیں

□

□

ہماری خلوتوں کی دھن در و دیوار سنتے ہیں
چمن کے رنگ و بو کی بندشوں کو خار سنتے ہیں

ہوا سرگوشیاں کرتی ہے جو پیڑوں کے کانوں میں
اُسے اُڑتے ہوئے رنگین گل پردار سنتے ہیں

ہوائیں حادثوں کے جو اشارے لے کے آتی ہیں
اُنھیں ہم اَن سنا کردیں مگر اشجار سنتے ہیں

سبھی سنتے ہیں گھر میں صرف اپنی اپنی دلچسپی
دھنسکتے بام و در کی سسکیاں معمار سنتے ہیں

زباں جو دل میں رہتی ہے کبھی لب پر نہیں آتی
اُسے کوئی نہیں سنتا مگر فنکار سنتے ہیں
□

□

سب ہیں سو میں بھی اس سفر میں ہوں
دن میں گردش میں ، رات گھر میں ہوں

گو کہ دیکھا نہیں وہ دہشت گرد
شام کو خوف شب خطر میں ہوں

کر نہیں پاتا کوئی اچھا کام
جانے کس کی بُری نظر میں ہوں

منہ سے سچ بات کم نکلتی ہے
کسی آسیب کے اثر میں ہوں

دھیرے دھیرے دھسک رہا ہوں میں
تھوڑا دیوار تھوڑا در میں ہوں

□

□

کل سماعت دُکھی صدا کو دوں
جسم دھرتی کو جاں ہوا کو دوں

اپنی ساری متاعِ عقل و خرد
روٹھنے کی تری ادا کو دوں

کل عناصر الگ الگ کرکے
کچھ تجھے اور کچھ خدا کو دوں

اک دھنک ہے مری نگاہوں میں
تیری زلفوں کو یا گھٹا کو دوں

دیکھوں کتنا لہو ٹپکتا ہے
اب کے خنجر کفِ وفا کو دوں

□

□

مرا گھر سے نکلنا تھا ضروری
اکیلا پن پگھلنا تھا ضروری

کبھی آبِ رواں کے ساتھ میرا
چٹانوں سے پھسلنا تھا ضروری

کہیں پہنچے بنا مجھ کو بھی رسماً
سبھی کے ساتھ چلنا تھا ضروری

دہکتی آگ میں حرص و ہوس کی
مرا اندر سے جلنا تھا ضروری

کبھی گل کی کبھی پتھر کی صحبت
نظریہ بھی بدلنا تھا ضروری

□

□

کھول کر روشنی بجھاتی ہے
شام گھر میں دِیا جلاتی ہے

بند کھلتے ہیں تیری نیندوں کے
میری صبحوں کو نیند آتی ہے

کیا کروں ، تیرے بعد بھی میری
سانس آتی ہے سانس جاتی ہے

پھڑپھڑاہٹ سحر کے پنچھی کی
سارے عالم کو پر لگاتی ہے

تیرے جاتے ہی ہوگیا ظاہر
یہ خزاں کس طرف سے آتی ہے
□

□

لگ رہی ہے پریشاں ہوا بھی
کچھ تو ٹوٹا ہے دل کے سوا بھی

اٹھ کے دیکھوں پرانی کتابیں
ہوگی اُن میں دوا بھی دعا بھی

مجھ کو آنا تھا تجھ تک سو آیا
گو ملا راستے میں خدا بھی

میرا دل ہے بہت ہی کشادہ
دے دیا تجھ کو ، تھوڑا رکھا بھی

نام کس کا تھا جس کو کہ میں نے
حافظہ میں بھی رکھتا ، لکھا بھی

□

□

زیادہ نہیں پھر بھی اتنا بچا ہے
کہ جینے کے لائق میسّر ہوا ہے

ہوا میں لکھا ہے جو شاخِ شجر نے
اُسے صرف کوئل نے سُر میں پڑھا ہے

شب و روز میری سماعت کو کھینچے
گھٹنے کی آہٹ ہے حرفِ ندا ہے

نہ جانے میں کب سے تجھے پڑھ رہا ہوں
ورق ایک ہی مدّتوں سے کھلا ہے

ہے دل میں گزشتہ دنوں کا اُجالا
مگر جسمِ خاکی پہ شب کی ردا ہے

تری یاد ہے اک دھنک سی اُفق پر
وگرنہ نہ ساون نہ کالی گھٹا ہے
□

□

میرے پیروں تلے جو دھرتی ہے
میرے ہاتھوں ہی وہ بکھرتی ہے

میں ہی دریا کی شکل بہتا ہوں
اور مچھلی مجھی میں مرتی ہے

ایک سورج ہے میرے سینے میں
چاندنی جس کے پر کترتی ہے

کوئی بے نیند رات چپکے سے
شانۂ شام پر اُترتی ہے

جیسے جیسے وہ ہاتھ دھوتی ہے
ویسے ویسے حنا نکھرتی ہے

□

□

اک ہوا میرے گھر میں رہتی ہے
جیسے پرواز پر میں رہتی ہے

جس کو آنا تھا وہ نہیں آیا
پھر بھی آہٹ سی در میں رہتی ہے

کوئی شے اک لکیر کی صورت
آج کل میرے سر میں رہتی ہے

میرے اطراف اک عجب سی مہک
شب کے چوتھے پہر میں رہتی ہے

میرے تیرے سوا کسی شے کی
کچھ کمی اپنے گھر میں رہتی ہے

□

□

نگاہوں سے پھسلتا جا رہا ہے
تو لفظوں سے نکلتا جا رہا ہے

ترے جانے کے کچھ دن بعد سے ہی
دلِ ناداں سنبھلتا جا رہا ہے

ہمارا چاند اور سورج تمہارا
بلا چمکے پگھلتا جا رہا ہے

میں جوں جوں تیری جانب آ رہا ہوں
لہو دل میں اُچھلتا جا رہا ہے

مکاں میرا کئی پشتوں سے گھر تھا
وہ روز و شب بدلتا جا رہا ہے

ہماری گفتگو کی ئے ، لطافت
یہ شور و غل نگلتا جا رہا ہے
□

□

کبھی تیرے کبھی میرے سہارے
مزے سے عشق نے کچھ دن گزارے

نہ میں نے پربتوں کی جلد کھولی
نہ امبر سے مہ و انجم اُتارے

جہاں دریا تھا اپنا ، ریت ہے اب
مگر پھر بھی علیحدہ ہیں کنارے

سنا ہے اور بھی ارض و سما ہیں
تو پھر کوئی تجھے کیسے پکارے

دکھی مت ہو کہ سورج چاند تارے
چلو آدھے مرے آدھے تمہارے

□

□

رابطہ میکدے سے توڑے ہوئے
عرصہ گزرا بہشت چھوڑے ہوئے

تیری میری کتابِ اُلفت میں
صرف دو ہی ورق تھے موڑے ہوئے

اب بھی بیٹھا ہے وہ خیالوں میں
اپنا اُٹھتا بدن سکوڑے ہوئے

عشق کس کا تھا وہ سسکتا ہوا
انگ جس کے تھے سب جھنجھوڑے ہوئے

اُس کے اطراف خوشبوئیں تھیں بہت
اور کچھ پھول تھے نچوڑے ہوئے

ہوں گے اب بھی کہیں پہ دو سائے
ناخوشی میں بھی پیٹھ جوڑے ہوئے

□

□

آب و گل اور کچھ ہوا دنیا
بس یہی ہے ترے سوا دنیا

تھوڑی خوشیاں ہیں تھوڑی تکلیفیں
اور تھوڑی سی ہے دعا دنیا

اب میں اُس کو کہاں کہاں ڈھونڈوں
جس کے باعث ہوئی روا دنیا

ایسا شاید کبھی ہوا ہوگا
جب ہوئی میری ہم نوا دنیا

پہلے دھندلا سا اک تصور تھی
تجھ سے مل کر ہوئی ہے وا دنیا

□

(احمد مشتاق کو پڑھ کر)

□

کتنی خوش لفظ تھی تیری آواز
اب سنائے کوئی وہی آواز

ڈھونڈتا ہوں میں آج بھی تجھ میں
کانپتے لب ، چھوئی موئی آواز

شام کی چھت پہ کتنی روشن تھی
تیری آنکھوں کی سرمئی آواز

جسم پر لمس چاندنی شب کا
لکھتا رہتا تھا مخملی آواز

ایسا سنتے ہیں پہلے آتی تھی
تیرے ہنسنے میں نقرئی آواز

اب اسی شور کو نچوڑوں گا
میں پیوں گا چھنی ہوئی آواز

□

□

کب تلک اور کیسے کیسے دیکھوں
وہ ہی منظر مرے گرے دیکھوں

جھڑتے دیکھوں ورق کتابوں سے
لفظ سارے مڑے تڑے دیکھوں

منتظر ہوں کہ ایک دن تیرے
انگ سارے پرے بھرے دیکھوں

تیری مڑتی ہوئی نگاہوں کے
کس طرح آخری برے دیکھوں

دیکھنا چاہتا ہوں جب تجھ کو
تیرا ہم عکس میں کیسے دیکھوں

چاہتا ہوں تری خزاں کے بھی
سر پہ پھولوں کے ٹوکرے دیکھوں

□

□

وہ سحر کا تھا ادھ جگا چہرہ
اور یہ شام کا تھکا چہرہ

خاصیت کیا تھی اُن دنوں تجھ میں
تو تھی میرے لیے خدا چہرہ

کیسے یکجا کیا گیا ہوگا
میرے خط کا کٹا پھٹا چہرہ

ڈھونڈ ہی لوں گا ایک دن تیرا
دل میں ہوگا کہیں رکھا چہرہ

اِن دنوں میں تلاش کرتا ہوں
اُن دنوں کا کھِلا کھِلا چہرہ

□

□

میری قوت سے میرے بس سے پرے
کچھ تو ہے میری دسترس سے پرے

ایک پنجرا ہے ایک پنچھی ہے
اور پنچھی ہے وہ قفس سے پرے

ڈھونڈتا پھر رہا ہوں اُس گل کو
جو مہکتا ہے خار و خس سے پرے

جب اُتاریں گے ہم بدن اپنا
وصل ہوگا وہ پیش و پس سے پرے

اور بھی ہیں مکالے کے محل
اور وہ ہیں کہیں نفس سے پرے

□

□

ہے آخر وسعتِ دنیا کہاں تک
مری دہلیز سے اُس کے مکاں تک

جہاں سمتیں نہ مہر و ماہ کوئی
میں تیرے ساتھ آ پہنچا وہاں تک

مری چوکھٹ سے خوشبو آ رہی ہے
ہوا لائی تھی کوئی گل یہاں تک

میرے کاندھے پہ لمس دست اُس کا
پہنچتا ہے کہیں زخمِ نہاں تک

پڑے ہیں درمیاں صحرا پہ صحرا
مرے احساس سے طرزِ بیاں تک

□

□

جا رہا ہے جو سر جھکائے ہوئے
بار نادیدہ ہے اُٹھائے ہوئے

دیکھیے تو ٹٹول کر اُس کو
خواب ہوں گے کہیں چھپائے ہوئے

کیا دھڑکتا ہے میرے سینے میں
کس کو دل سے ہوں میں لگائے ہوئے

جانا مجھ کو بھی تھا تری جانب
عرصہ گزرا تجھے بھی آئے ہوئے

ہیں غزل میں ابھی گل و گوہر
اُس کی گفتار سے چُرائے ہوئے

اب تو زنجیر پا بھی چلتی ہے
ساتھ میرے قدم ملائے ہوئے

□

□

کل تلک تھا جہاں بخوبی صاف
اب نہیں ہے نظر میں کچھ بھی صاف

کچھ مکاں تھے وہاں تمدّن کے
ہو چکی ہے اُدھر کی بستی صاف

لمحہ در لمحہ بے حسی طاری
درد اِس کا نہ اُس کا غم ہی صاف

گر چکے ہیں ستون و بام و در
سارے محراب دل ، حویلی صاف

جو بھی حاصل تھا چھوٹ گیا مجھ سے
دیکھے دنیا میری ہتھیلی صاف

اور اب آخرش یہ صورت ہے
تو بھی بے شکل زندگی بھی صاف

□

□

اکیلا شخص بھی تنہا نہیں ہے
کہ وہ گھر سے ابھی نکلا نہیں ہے

مہکتا ہے ہمارے درمیاں جو
وہ گُل ہم نے کبھی دیکھا نہیں ہے

یہ محفل اور کچھ لمحے کہ اُس نے
ابھی بندِ قبا کھولا نہیں ہے

یہ لفظِ عشق ہے جس کا گُلِ لب
وہ مجھ سے بات بھی کرتا نہیں ہے

میں یوں چپ ہوں کہ خنجری آستیں سے
لہو میرا ابھی ٹپکا نہیں ہے

سماعت کم ، نظر دُھندلا رہی ہے
چراغِ لفظ اب جلتا نہیں ہے

کسے دیکھے ، تجھے ، خود کو ، جہاں کو
قلندر نے ابھی سوچا نہیں ہے

□

□

قیس کا بھی کہیں ٹھکانا ہو
تھوڑا پانی ہو تھوڑا دانا ہو

اپنا پت جھڑ چھپا کے سینے میں
باغ دنیا میں آنا جانا ہو

سرد ہوں ، گرم ہوں ، ہوائیں ہوں
موسم دل ذرا سہانا ہو

ایک آنگن ہو ، دو منڈیریں ہوں
اور تھوڑا سا چہچہانا ہو

اک تصور ، ذرا سا لمس ہنر
تیرا پیکر ہو جو بناتا ہو

□

□

جب نہ خلوت کہیں میسر ہو
یاد آئے کوئی یہ کیونکر ہو

آسماں سات چیر کر پہنچوں
اور ڈھونڈوں کہیں ترا در ہو

ماندگی تیری درد بھی تیرا
نیند تیری ہو میرا بستر ہو

آخرِ شب کی برف باری ہو
ہو تو یادوں کی گرم چادر ہو

دستِ انساں ہے کانپ سکتا ہے
کارِ دنیا سنبھل کر ہو

□

□

کیسے کہدوں کہ اپنے بس میں ہوں
کیا پتا کس کی دسترس میں ہوں

یہ پرندے نکل کے مجھ میں سے
اُڑ گئے اور میں قفس میں ہوں

جانے کب سے ہوں میں رہوں کب تک
پھر یہ لگتا ہے اک نفس میں ہوں

مثلِ طائر میں اُڑ نہیں سکتا
قید شاید کسی ہوس میں ہوں

پھول ، تتلی ، گھٹا ، دھنک اور تو
کیا کیا دیکھوں میں پیش و پس میں ہوں

□

□

کچھ ہے جو مجھ میں رفتہ رفتہ بدل رہا ہے
دل سے نکل رہا کچھ دل میں مچل رہا ہے

لعل و گہر جڑا وہ سونے سا عشق اپنا
مٹی میں مل رہا ہے اگنی میں جل رہا ہے

کیا ہے جو رہ گیا ہے دل میں خلش کی صورت
کیا ہے جو آہ بن کر دل سے نکل رہا ہے

ایسے میں چھوڑ کر تو مجھ کو نہ جا کہیں جب
مہتاب جل رہا ہے سورج پگھل رہا ہے

کل شام چھت پہ جا کر دیکھا افق کی جانب
آکاش دھیرے دھیرے دھرتی نگل رہا ہے

□

□

یہاں سے وہاں تک خلا ہی خلا ہے
مگر پھر بھی جاری کوئی سلسلہ ہے

ابھی آکے جس نے معطر کیا گھر
وہ خوشبو ہے کس کی کہاں کی ہوا ہے

مری چھت پہ آکر ٹھہر سا گیا جو
وہ مہتاب آخر کہاں سے چلا ہے

سمندر یہ کہسار ، جنگل یہ صحرا
یہ انساں کے حق میں زمیں کی دعا ہے

میں تجھ کو پکاروں تو مجھ کو بلائے
فضا میں صداؤں کا ملنا لکھا ہے

□

□

سمجھ کے سوچ کے آخر یہ بات رکھی ہے
حدِ حیات پہ اپنی حیات رکھی ہے

رکھا ہے دن کو لگا کر تلاش میں اپنی
تری سراغ رسی کو یہ رات رکھی ہے

کہیں نہ جا تو پرندے ذرا تسلّی رکھ
پلٹ کے دیکھ قفس میں نجات رکھی ہے

بہت سی چیزیں رکھی ہیں مکانِ قدرت میں
کہیں جنم تو کہیں پر وفات رکھی ہے

عجب فقیر ہوں میں بھی کہ میری ہی خاطر
یہ کائنات بصورت زکوٰۃ رکھی ہے

□

□

رفتہ رفتہ میرے اندر اک خلا بھرنے لگا
کل کا صحت مند انساں دم بہ دم مرنے لگا

شکر ہے وہ مجھ کو اپنا دوست کہتا ہے مگر
اب پریشاں ہوں کہ وہ کچھ کچھ وفا کرنے لگا

گھل گیا ہے اک نیا پن سا مرے ماحول میں
ایک انساں دوسرے سے خود بخود ڈرنے لگا

کیا ہوا تھا اِس جگہ یہ تو عبادت گاہ ہے
کیوں ہماری آنکھ میں کڑوا دھواں بھرنے لگا

پھر وہی خیمے قبیلے پھر وہی ٹکراہٹیں
پھولتا پھلتا تمدن ناگہاں مرنے لگا

□

□

جو نہیں ہے اُسی کھلے در کو
جا رہا ہوں میں چھوڑ کر گھر کو

اپنی دہلیز سے میں تا منزل
ڈھونڈتا ہی رہا ہوں رہبر کر

کیا کروں ، جاکے قبر میں لیٹوں
کیسے بھولوں میں موت کے ڈر کو

تو بھی آتا ہے ساتھ کہ جب
یاد کرتا ہوں اپنے دلبر کو

جا رہی ہے خزاں بغیچے سے
چھوڑ کر دامنِ معطر کو

یاد کرتا ہے رات بھر امبر
تیر کھائے پرند کے پر کو

□

□

راستہ ہے پُرخطر یہ سوچ کر
صبح سے بیٹھا ہوں میں دہلیز پر

شاخ تنہا پر کبھی تھا آشیاں
آشیاں میں آسمان و بال و پر

بے در و دیوار دنیا عشق کی
کھو گیا سنسار زیرِ بام و در

ٹوٹتا جاتا ہے میرا حوصلہ
آرہا ہے میری جانب راہبر

چل کہ تجھ کو تیرے گھر تک چھوڑ دوں
تو اگر رہنے دے مجھ کو میرے گھر

آج تک آئے نہ جو زیرِ قلم
ڈھونڈ وہ الفاظ جو ہیں دربدر

□

□

بھولا بسرا وقت پھر مہمان ہے
پھر وہی آنگن وہی دالان ہے

ایک کمرہ ہے کہیں جس میں نہاں
میرے بچپن کا سر و سامان ہے

بت کدہ میں جو بھی ہے پتھر کا ہے
اور پتھر کا خدا اِنسان ہے

بے طرح مشکل ہے تجھ کو دیکھنا
سوچنا لیکن بڑا آسان ہے

جل اُٹھا کیونکر مرے دل کا چراغ
جب کہ سالوں سے یہ گھر ویران ہے

کب تجھے بھولا ، نہیں یاد آ رہا
ہاں ، ترے ہونے کا مجھ کو دھیان ہے

□

□

اس خرابے سے کچھ اٹھا لیتا
جس کو سینے سے میں لگا لیتا

کہنے سننے کو دوستی رہتی
فاصلہ اور کچھ بڑھا لیتا

پھول سارے کسی کو دے دیتا
ایک پتّی ہری بچا لیتا

جتنی دھرتی تھی اُتنے گھر بھی تھے
میں کہاں اپنا گھر بنا لیتا

یہ جہاں ہوتا گر تری صورت
اپنے دل میں اسے بسا لیتا

□

□

جان پایا نہ کب کہاں بدلا
شام کو صبح کا جہاں بدلا

کیا ہوا جو کہ تو ادھر پلٹی
اور میں کس لیے یہاں بدلا

تو نے دیکھا تو یہ بدن کانپا
تیرے چھونے سے سب نہاں بدلا

موسموں کی فریب کاری سے
رنگ الفت جہاں تہاں بدلا

اچھا خاصا تھا رابطہ اپنا
عشق ہوتے ہی ناگہاں بدلا

□

□

وہ پہلے سے بہت آگے بڑھا ہے
حدِ بستی پہ اب تنہا کھڑا ہے

میں عاجز آگیا ہوں اُس خدا سے
جو قامت میں کہیں ترچھا اڑا ہے

وہ میں ہوں یا تمہارا دورِ حاضر
سڑک پر کون وہ اوندھا پڑا ہے

مویشی ہیں نہ دانا ہے نہ پانی
کبھی تھے اِس لیے کھونٹا گڑا ہے

یہ منظر عکس ہے میری زباں کا
مرے لفظوں میں آئینہ جڑا ہے

نہ میں نے اور نہ کی امداد تم نے
یہ سورج چرخ پر کیسے چڑھا ہے

□

□

نہ ہوگا جب زمیں پر گھر کا نقشہ
خلا میں ہوگا بام و در کا نقشہ

تری دیوار پر یہ سرخ چھینٹے
ہے اِن چھینٹوں میں بال و پر کا نقشہ

گزشتہ شب کوئی چپکا گیا ہے
کواڑوں پر ہمارے ڈر کا نقشہ

وہ ہاتھوں میں لیے تھا فاختائیں
رکھے تھا جیب میں کھنڈر کا نقشہ

وہ اک پیکر جو کرنیں پھینکتا ہے
ہے اُس کی زد میں دنیا بھر کا نقشہ

□

□

جانے کب سے تھا نہاں کس کا ہے
یہ جہاں ہو کے عیاں کس کا ہے

میری ہستی کے شکستہ گھر میں
زیرِ بنیاد مکاں کس کا ہے

خواب میں چوم گیا کون مجھے
میرے ماتھے پہ نشاں کس کا ہے

کھول کر دیکھ اُفق کی کھڑکی
کیا ہے ، کیسا ہے وہاں، کس کا ہے

جل گیا دل کہ اُسے جلنا تھا
اب تپش کیسی دھواں کس کا ہے

ایک ہی گل ہے کئی باغوں میں
اُس طرف کس کا ، یہاں کس کا ہے

□

□

جہاں چھو کے دیکھوں وہیں پر خلا ہے
ہوا میں ہوا کے سوا اور کیا ہے

ترے بعد یہ حال ہے شہرِ دل کا
نہ بارش نہ طوفاں نہ بادِ صبا ہے

لکھا ہے جو نظروں نے لوحِ نظر پر
وہ دل کے سوا اور کس نے پڑھا ہے

دھنسکنے لگا ہے وہ کمرہ کہ جس میں
پرندوں کا چھوڑا ہوا گھونسلہ ہے

کھلا ہے کہیں اک دریچہ ابھی بھی
کہ جس میں کوئی خوبصورت کھڑا ہے

مرا درد میرا ہے ، اُس کا اُسی کا
تو کیوں غمگساری کا یہ سلسلہ ہے
□

□

نہ اِس کو کوئی غم نہ اُس کو خوشی ہے
مرے چار سو کس قدر بے حسی ہے

وہی روز کا ڈھب وہی روز کا رنگ
کہ شب سو گئی ہے سحر اُٹھ رہی ہے

نہیں جارہے ہیں منڈیروں سے اوپر
پرندوں پہ طاری عجب بیخودی ہے

وہی ہو گیا ہے جو ہونا نہیں تھا
اسی سے فضاؤں میں کچھ کھلبلی ہے

تری یاد ہے ، زخم ہے ، دردِ دل ہے
شبِ ہجر ہے روشنی روشنی ہے

علاوہ مرے ایک تصویر بھی تھی
اُسے ڈھونڈوں گھر میں کہاں وہ رکھی ہے

کبھی ایک شے تھی اَنا بیش قیمت
سنا ہے کہ اب اُس کی بیحد کمی ہے

□

□

لمحے جھڑتے ہیں بال و پر کی طرح
میں ہوں کھنڈر کے بام و در کی طرح

اب تو گزریں گے یوں ہی روز و شب
شاخ پر سوکھتے ثمر کی طرح

دیکھ لینا اُسے بھی ایک نظر
کوئی بیٹھا ہو منتظر کی طرح

ہجر کی سرد رات اور یہ تپش
دل میں کچھ ہے کہیں شرر کی طرح

اپنے گھر سے چلا ترے گھر تک
زندگی کٹ گئی سفر کی طرح

زخمی ہونا ہی تھا ہرن میرا
تیر آیا تھا اک نظر کی طرح

□

□

گزر گیا جو نظر سے نظر کا حصّہ ہے
شجر سے اُڑتا پرندہ شجر کا حصّہ ہے

تمہارا درد اگر دردِ نارسائی ہے
تمہارا درد ہمارے جگر کا حصّہ ہے

نہ وہ تمہارے یہاں ہے نہ وہ ہمارے یہاں
اُداس چولھا کہو کس کے گھر کا حصّہ ہے

جہاں کے لوگ خدا کے کرم پہ زندہ ہیں
علاقہ وہ بھی ہمارے نگر کا حصّہ ہے

سفر سفر ہے سفر میں پڑاؤ کیا معنی
ترا وجود تری رہگذر کا حصّہ ہے

بنا رہے جو ہمیشہ وہ گھر بنا ہی نہیں
مکاں تمہارا تمہارے سفر کا حصّہ ہے

□

□

تجھ سے لاگی لگن الگ سی ہے
یہ تپش یہ جلن الگ سی ہے

شب کا بستر بھی کچھ الگ ہی تھا
دن کی سلوٹ شکن الگ سی ہے

کچھ چمکتا ہے کچھ مہکتا ہے
زخمِ دل کی پھبن الگ سی ہے

یوں تو دل میں خلش تھی پہلے سے
اِن دنوں کی چبھن الگ سی ہے

جب سے بیٹھا ہے وہ یہاں آکر
چاندنی میں جلن الگ سی ہے

اب بھی ہجر و صال ہیں لیکن
یہ اُداسی تھکن الگ سی ہے

□

□

کچھ یادیں اور خالی گھر
کچھ ساکت اور کچھ تھر تھر

طائر میرے سینے میں
روزن میں لرزاں شہ پر

کھلتے ہی صندوق بڑا
پُرکھے نکلے بن ٹھن کر

لفظ گرے سندرتا پر
تتلی پر گویا پتھر

صبح کون رکھ دیتا ہے
تہہ کر کے شب کی چادر

حسن کھلے یوں لفظوں میں
کہرے میں جیسے منظر

□

□

یاد رکھنے سے بھول جانے سے
کٹ گئے دن کسی بہانے سے

میں سراپا ہوا دھنک صورت
تیرے کچھ کچھ قریب آنے سے

گھر میں بھوچال آگیا ہوتا
صرف دروازہ کھٹکھٹانے سے

اب تو اتنا ہی یاد آتا ہے
کوئی شکوہ سا تھا زمانے سے

کل بغیچہ ہی بن گیا نغمہ
ایک پنچھی کے چہچہانے سے

□

□

نکل کر یوں گیا وہ جان و تن سے
نظر جیسے نکلتی ہے نیَن سے

حدِ الفاظ تک نایاب ہے وہ
کہاں تک کام لوں شعر و سخن سے

کبھی جھومر کبھی جھانجھر لگے ہے
کرن موجوں کے الّوھ بانکپن سے

یہ بن ، کہسار ، صحرا اور سمندر
اُگے دھرتی سے یا ٹپکے گگن سے

نہ تنہا گل ہوا تمثیل تیری
چمن سالم اُٹھا لایا چمن سے

□

□

جیسے کُل پرواز پلٹ کر پر میں آئے
کھیل کود کر بچے واپس گھر میں آئے

تجھے دیکھتے ہی یہ آنکھیں نظر بن گئیں
نادیدہ منظر بھی آج نظر میں آئے

باغبان کے جذبے ہی تو جسم پہن کر
پتوں میں پھولوں میں اور ثمر میں آئے

باہر ہے تالاب ہرا اندر ہے جوالا
دونوں یکجا کیسے اک شجر میں آئے

کس کے پیروں کو چھونے ساحل کی جانب
دریا سمٹ سکڑ کر ایک لہر میں آئے

□

□

مجھ کو اس طرح اُچھالا ہوتا
کھیت میں باغ میں ڈالا ہوتا

گندم و گل سا اُبھرتا میں بھی
دھوپ نے آ کے سنبھالا ہوتا

کھینچ کر کان کے منہ سے مجھ کو
شکل اوزار میں ڈھالا ہوتا

ہوتے کتنے ہی یہاں گنگ و جمن
میں اگر کوہِ ہمالہ ہوتا

دیس پردیس بہم ہو جاتے
پھر کہاں دیس نکالا ہوتا

یوں بھی ہوتا کہ مرے ہاتھوں سے
تیرے منہ میں بھی نوالہ ہوتا

جلتے چولھے میں پکی روٹی سے
گھر کی آنکھوں میں اُجالا ہوتا

□

□

مرے گھر میں ہی تیرا گھر رہے گا
بلا دیوار بام و در رہے گا

تصور میں تو وہ اکثر رہے گا
مگر کیا رُوپ کیا پیکر رہے گا

دھڑکتا ہے جو تیرا نام لے کر
اُسی دل میں ترا نشتر رہے گا

اُٹھا کر چل دیا اپنا بدن وہ
شکستہ دل میں اب جا کر رہے گا

کوئی خنجر کسی سینے میں اُترے
مرے خونِ جگر سے تر رہے گا

□

□

نہ جس کا کہیں آشیانہ رہے
مرے دل میں اُس کا ٹھکانہ رہے

رہے اپنی موجوں میں مچھلی مگن
مچھیرے کا مجھ پر نشانہ رہے

جو چھینے کسی کا نوالہ کبھی
نہ اُس کا کہیں آب و دانہ رہے

رہیں باغ میں ناچتے رنگ و بو
فضاؤں میں بھی گنگناتا رہے

دعا ہے کہ آنگن میں کلکاریاں
منڈیروں پہ تک چہچہاتا رہے

□

□

اُڑانوں سے امبر بچا ہی نہیں
پرندے کو لیکن پتا ہی نہیں

کسی سے کہوں بھی تو میں کیا کہوں
مرا تو کوئی مدّعا ہی نہیں

شب و روز بھٹکے ہے در در ہوا
ہوا کا کہیں گھر بسا ہی نہیں

علیحدہ ہوا ہم سے کس دن خدا
کتابوں میں ہم نے پڑھا ہی نہیں

کہا ماں نے ، بیٹا خدا سے ڈرو
وہ ڈر زندگی بھر گیا ہی نہیں

□

□

زلف سلجھی اور خم فارغ ہوئے
پر اسیری سے نہ ہم فارغ ہوئے

اب نہ دردِ دل نہ بے چینی کوئی
عشق کے رحم و کرم فارغ ہوئے

زندگی کی وسعتوں کو ناپتے
زندگی سے دم بہ دم فارغ ہوئے

کیوں دل و جاں ہیں مرے آرام سے
کیا سبھی ظلم و ستم فارغ ہوئے

عشق بوجھل تھا وصال و ہجر سے
بے وفا ہوکر صنم فارغ ہوئے

□

□

اب جاکر احساس ہوا ہے
تیرے میرے بیچ خلا ہے

جس بستی کا میں باشندہ
وہ بستی بہتا دریا ہے

برگِ گل پر چاند کے چھینٹے
طفل کے منہ پر دودھ لگا ہے

دستک پر دستک روز و شب
در کھولو تو صرف ہوا ہے

کتنا دریا دل ہے وہ رب
جس نے صحرا عطا کیا ہے

□

□

نکلے ہیں دیوار سے چہرے
بجھے بجھے بیمار سے چہرے

اپنے ملنے والوں کے ہیں
کیوں اتنے لاچار سے چہرے

میرے گھر کے ہر کونے میں
آ بیٹھے بازار سے چہرے

عرصہ ہوا نہیں دیکھے ہیں
ہم نے سرخ انار سے چہرے

دادی کے صندوق سے نکلے
چمکیلے دینار سے چہرے

□

□

ضروری ہیں اب جب بھلے آدمی
نہیں ہیں کہیں تب بھلے آدمی

نہ دیر و حرم میں نہ سنسد میں ہیں
کہاں جا چھپے سب بھلے آدمی

یہ بچے بھی تک دیکھ لیتے اُنھیں
ملیں گے کہاں ، کب بھلے آدمی

نہ دن میں سہی خواب میں ہی سہی
دکھادے تو یارب بھلے آدمی

پرانی کتابوں ، تصاویر میں
ملیں غالباً اب بھلے آدمی

لڑکپن میں دیکھا سُنا تھا جنھیں
وہ کیا تھے لبالب بھلے آدمی

□

□

اگر آسماں میرے سر پر گرے گا
تو سر بھی کسی سنگِ در پر گرے گا

ہوا لائے یا لائے کوئی کبوتر
ترا خط ہمارے ہی در پر گرے گا

نہ ہوگی جھپکنے کی پلکوں کو فرصت
نظارہ اُچھل کر نظر پر گرے گا

شجر دے گا دنیا کو پھل پھول ہر دم
مگر سنگِ دنیا شجر پر گرے گا

عذاب آسمانی ہو یا ہو جہانی
ہمارے ہی جان و جگر پر گرے گا

□

□

بڑھا جو ہاتھ تو دیوار بیچ میں آئی
اُٹھی نگاہ تو مینار بیچ میں آئی

سفر سبھی کا معین ہے ایک ہی در تک
تو کس سبب سے یہ رفتار بیچ میں آئی

حصارِ فرق کبھی کا سمٹ گیا ہوتا
کبھی اَنا کبھی دستار بیچ میں آئی

سمجھنا ، سوچنا ، سننا جہاں نہیں ممکن
کہاں سے عشق میں گفتار بیچ میں آئی

درِ بہشت رہا دو قدم کہ لوٹ آیا
وطن کی صورتِ لاچار بیچ میں آئی

□

□

شاخ شاخ بلبل لکھتی ہے
پتا پتا گل لکھتی ہے

بیٹی ماں سے جو پڑھتی ہے
بچوں میں وہ کُل لکھتی ہے

صبح لکھے اُس کی پیشانی
شب اُس کے کاکل لکھتی ہے

ہر لمحے کو قلم وقت کی
جس کا تِس بالکل لکھتی ہے

جب لکھتی ہے ہوا عبارت
پانی پر ڈھل مُل لکھتی ہے

□

□

خواب میں ہی مگر دیئے ہوتے
بے ٹھکانوں کو گھر دیئے ہوتے

اپنے گلشن کے چار چھ غنچے
نام پت جھڑ کے کر دیئے ہوتے

میں بھی کہتا کبھی سبحان اللہ
دو نوالے تو تر دیئے ہوتے

میری بستی کے کچھ درختوں کو
کھانے لائق ثمر دیئے ہوتے

اتنا بے سمت آسماں دے کر
دو سے زائد تو پر دیئے ہوتے

□

□

یہ دنیا جس قدر اچھی بُری ہے
یہ کچھ الفاظ کی جادو گری ہے

یہ حسن و عشق اور ملنا بچھڑنا
یہ سب جذبات کی کاریگری ہے

بہت کچھ ہے زمیں سے آسماں تک
بہت کچھ ہی میں کچھ بازی گری ہے

خزاں اوڑھے کہیں بیٹھی ہے چھپ کر
اِسی گلشن میں اک غنچہ پری ہے

نہ چہرے صاف دکھتے ہیں نہ چیزیں
نہ پہلی سی کہیں دیدہ وری ہے

ہیں جس کاسہ میں کچھ بارش کی بوندیں
اُسی کاسہ میں رقصاں جل پری ہے

□

□

میرے خوابوں کا خیالوں کا خدا ہے کوئی
حرف و الفاظ کے پردے میں چھپا ہے کوئی

ڈھونڈتے پھرتے ہیں لمحات شب و روز کسے
جبکہ ان پر بھی نظر رکھتا ہوا ہے کوئی

قبل اس کے کہ میں وحشت کے سبب چیخ اُٹھوں
پیٹھ پر مری رکھے ہاتھ کھڑا ہے کوئی

کوئی پربت ہے، فرشتہ ہے کہ ساحل کا شجر
جھیل کے عریاں بدن پر وہ جھکا ہے کوئی

نہ اُٹھی موج کوئی اور نہ کنارے کانپے
جبکہ دریا میں ابھی چاند گرا ہے کوئی

□

□

یوں بھی کاسہ میں اب کچھ بچا ہی نہیں
چین کی سانس لوں وہ ہوا ہی نہیں

لحہ لحہ میں چاروں طرف بڑھ رہا
میرے تن کے لیئے اب قبا ہی نہیں

عشق میں ایک وہ بھی تھا میرے سوا
اس لیئے بارِ اُلفت اُٹھا ہی نہیں

یوں بھی سر پہ تھا رختِ سفر پھر مجھے
راستے میں ترا گھر مِلا ہی نہیں

آخری سانس تک اُس کو تکتا رہا
اُس نے اچھا بُرا کچھ کہا ہی نہیں

جس میں خوشبو نہیں کوئی رنگت نہیں
میری نظروں میں وہ گل کھلا ہی نہیں

کوئی روکے کھڑا تھا مرا راستہ
غالبًا وہ خدا تھا ہٹا ہی نہیں

□

□

خطوط صنم سب اُڑا لے گئی
اُنھیں میں غزل تھی ہوا لے گئی

تہِ دل رکھی تھی جو یادِ حسیں
اُسے آکے دنیا اُٹھا لے گئی

رواج و روایت کی دیوار کو
یہ موجِ ترقی بہا لے گئی

بنا کے گھروندا جو فارغ ہوا
تو برسا کے پانی گھٹا لے گئی

مری سب متاعِ دماغ و ہنر
مرے یار کی اک ادا لے گئی

نہ کوئی رہا جس کے سر پہ کبھی
اُسے سر پہ رکھ کے قضا لے گئی

مری آنکھ میں ایک ہی خواب تھا
شبِ وصل وہ بھی چُرا لے گئی

□

□

آنکھ بے نور لکھی وصل کا منظر بھی لکھا
دل لکھا زخم لکھا ساتھ میں خنجر بھی لکھا

صرف پا لکھ کے اُسے خاص مزا آیا نہیں
راہ پر خار لکھی بیچ میں پتھر بھی لکھا

لکھ کے صحرا کا سفر تشنگی بے چینی لکھی
بعد میں سوچ کے اشکوں کا سمندر بھی لکھا

پہلے تنہائی لکھی پھر لکھی یادِ جاناں
پھر لکھی خانہ بدوشی کہ وہیں گھر بھی لکھا

پہلے پرواز لکھی پھر لکھا امبر نیلا
اور پھر لکھ کے قفس اُس نے وہیں پر بھی لکھا

□

□

جو خیالوں میں پھڑ پھڑاتے ہیں
وہ پرندے کہاں سے آتے ہیں

جب کوئی تازہ چوٹ لگتی ہے
زخم ماضی کے گیت گاتے ہیں

اک جہنم ہے پیٹ میں میرے
کتنے شیطان سر اُٹھاتے ہیں

کیوں سمندر پھلانگنے والے
آکے صحرا میں ڈوب جاتے ہیں

یار میرا ہے بے زبان غزل
دو جہاں جس کو گنگناتے ہیں

ایسا کیا ہے ہماری نظروں میں
سارے منظر جھلستے جاتے ہیں

□

□

خود کو ہر لمحہ توڑتے رہیے
لفظ در لفظ جوڑتے رہیے

رہیے صحرا میں یا کہ گلشن میں
اپنے کندھے جھنجوڑتے رہیے

زندگی قطرہ قطرہ دیتی ہے
لمحہ لمحہ نچوڑتے رہیے

جو نہ روٹھیں کبھی نہ جھگڑا کریں
ایسے یاروں کو چھوڑتے رہیے

میں بھی سرکار کا ملازم ہوں
میری گردن مروڑتے رہیے

□

□

کوئی شکوہ کوئی گلہ رکھیئے
کچھ نہ کچھ جاری سلسلہ رکھیئے

مسئلے زندگی کے اپنی جگہ
فصلِ گل کا بھی کچھ پتا رکھیئے

چند لمحے چھپا کے لوگوں سے
خود کو خود میں بھی مبتلا رکھیئے

سب کو اپنایئے مگر خود سے
خود کا تھوڑا سا فاصلہ رکھیئے

جسم دے دیجئے زمانے کو
یار سے صرف دل ملا رکھیئے

□

□

چند لفظوں کا تانا بانا ہے
سارا منظر خیال خانہ ہے

میں مروں گا اُسی کے ہاتھوں سے
اُس کا برتاؤ دوستانہ ہے

گھر کی چھت سے جو اُڑ گیا اُس کا
تنکے تنکے میں آشیانہ ہے

میری صحبت اُٹھانے والے کو
سنگ بھی مثلِ گل اُٹھانا ہے

گھر کی تاریکیاں سجانے کو
بن سے جگنو اُٹھا کے لانا ہے

□

□

کب ہوئی ابتدائے سفر بھول جا
ختم ہوگی کہاں رہگزر بھول جا

پہلے یہ بھول جا کیسے گزرا سفر
پھر تو اپنا نگر اپنا گھر بھول جا

بھول جا تیری آنکھوں کا کیا کام ہے
اپنی پہچان کو سربسر بھول جا

جتنی طے تھیں اُڑانیں سبھی بھر چکا
آسمان و ہوا بال و پر بھول جا

پھول بن کے کھلا تھا کبھی باغ میں
ماں زمیں تھی پتا تھے شجر بھول جا

ڈال کر تجھ کو منجدھار میں جو گئی
وہ کہاں سے اُٹھی تھی لہر بھول جا

□

□

گھسے پٹے منظر میں گزری
دو کمروں کے گھر میں گزری

بڑھی عمر کرتہ پاجاما
بچپن میں نیکر میں گزری

روزی روٹی کی خواہش میں
در در نگر نگر میں گزری

کبھی شہادت کے جذبے میں
کبھی موت کے ڈر میں گزری

اُردو کویتا کی سرسوتی
غالبؔ میرؔ جگر میں گزری

زچہ خانے سے مرگھٹ تک
دنیا ایک نظر میں گزری

□

□

لوگوں سے چیزوں سے بھری ہوئی دنیا
آدمی زندہ آدمی مری ہوئی دنیا

ظاہر سے تو یہ ٹکراتی رہتی ہے
باطن سے ہے لیکن ڈری ہوئی دنیا

صحرا صحرا دھول اُڑاتی ہے کیوں کر
جنگل جنگل کیسے ہری ہوئی دنیا

رام ، کرشن ، عیسیٰ، [illegible] گوتم آئے
پھر بھی کیا جرموں سے بَری ہوئی دنیا

تھوڑی تھوڑی سب بچوں کو دے دیتا
ہوتی شیرینی سے بھری ہوئی دنیا

□

□

جہاں زمیں سے جڑا آسمان دِکھتا ہے
اُسی جگہ مجھے اپنا مکان دِکھتا ہے

پناہ دشت میں آیا دبیز شہر سے میں
یہاں بھی جال شکاری مچان دِکھتا ہے

سفر میں آیا مرے ایک شہر ایسا بھی
جہاں پہ دور سے امن و امان دِکھتا ہے

نظر ہماری اگر ہو ذرا فقیرانہ
بہت سلیس یہ سارا جہان دِکھتا ہے

سنبھل کے دیکھ کہ اے پیر میری ہستی میں
تجھے کہیں بھی خدا کا نشان دِکھتا ہے

□

□

زندگانی میں پیچ و خم کیوں ہیں
اُن کو خوشیاں ہمیں الم کیوں ہیں

کس نے بانٹی ہیں اس طرح چیزیں
کچھ پہ زائد ہیں کچھ پہ کم کیوں ہیں

جن پہ ہر دور میں گری بجلی
سرحدوں کے وہ گاؤں ہم کیوں ہیں

کیوں ہیں لوگوں کے ہاتھ جیبوں میں
اُن میں بے حس لگے قلم کیوں ہیں

جن کی باتوں سے جن کی آنکھوں سے
شعلے جھڑتے تھے آج نم کیوں ہیں

جب ارادے ہیں آپ کے پختہ
لڑکھڑاتے ہوئے قدم کیوں ہیں

□

□

پہلے پھولوں کا گھر دے گا
پیچھے مٹی پتھر دے گا

احساس و جذبات کا ابر
لفظوں کے بال و پر دے گا

سب اپنے ہیں کہتے کہتے
سب سے بچنے کا ڈر دے گا

میری آنکھوں کے پیالوں کو
جلووں کے جل سے بھر دے گا

نظروں سے چھو کر وہ مجھ کو
انساں سے خوشبو کر دے گا

کام نہ آئے گی بینائی
ایسا روشن منظر دے گا

جس دن فرصت میں ہوگا وہ
اُس دن مجھ کو محشر دے گا

□

□

جہاں پر راستے میں موڑ تھا رہبر ندارد تھا
میں گھر کی سمت جب آیا تو میرا گھر ندارد تھا

جو اکثر بات کرتا تھا وطن پر جان دینے کی
اُسے دیکھا تو پورا پیٹ ہی تھا سر ندارد تھا

وہی میں تھا وہی دن رات بستی بھی پرانی تھی
کتابوں اور خوابوں کا مگر منظر ندارد تھا

کہیں سر تھا کہیں دھڑ تھا کہیں بازو کہیں پا تھے
مگر قاتل نہ دِکھتا تھا کہیں خنجر ندارد تھا

وہاں پر ایک عالیشان بنگلا مسکراتا تھا
مگر میرے پتا کی قبر کا پتھر ندارد تھا

□

□

شہرِ دیگر ہے یہاں سر پہ کوئی سایہ نہیں
ملک سے اپنے خبر نامہ ابھی آیا نہیں

ایک نغمہ جو خلاؤں میں کہیں رقصاں ہے
اُس کو عالم میں کسی شخص نے دہرایا نہیں

وہ حسیں ہے تو مری حسن پرستی کے سبب
ورنہ وہ آج تلک مجھ کو نظر آیا نہیں

ایک بے رنگ پرندہ ہے ہر اک پنجرے میں
جس کو دنیا میں کبھی کوئی پکڑ پایا نہیں

یوں ہی صدیوں سے سفر میں ہوں مسلسل پھر بھی
کیا سبب ہے کہ مرے یار کا گھر آیا نہیں

□